AF265793

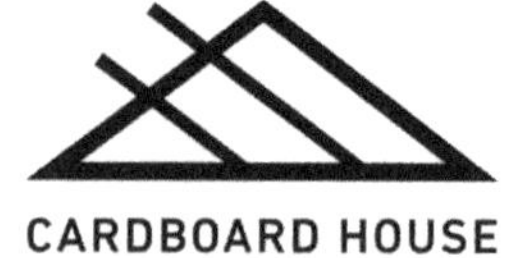

CARDBOARD HOUSE

BRIDGES

CARDBOARD HOUSE PRESS
www.cardboardhousepress.org
cardboardhousepress@gmail.com

BRIDGES / PUENTES
Copyright © 2024 Alicia Genovese
Translation © 2024 Daniel Coudriet
Designed by Mutandis

First Edition, 2024
Printed in the United States of America
ISBN 978-1-945720-31-4
All rights reserved

The publication of this book was made possible in part by grants from the National Association of Latino Arts and Cultures and the Poetry Foundation.

BRIDGES
PUENTES

Alicia Genovese

Translated by Daniel Coudriet

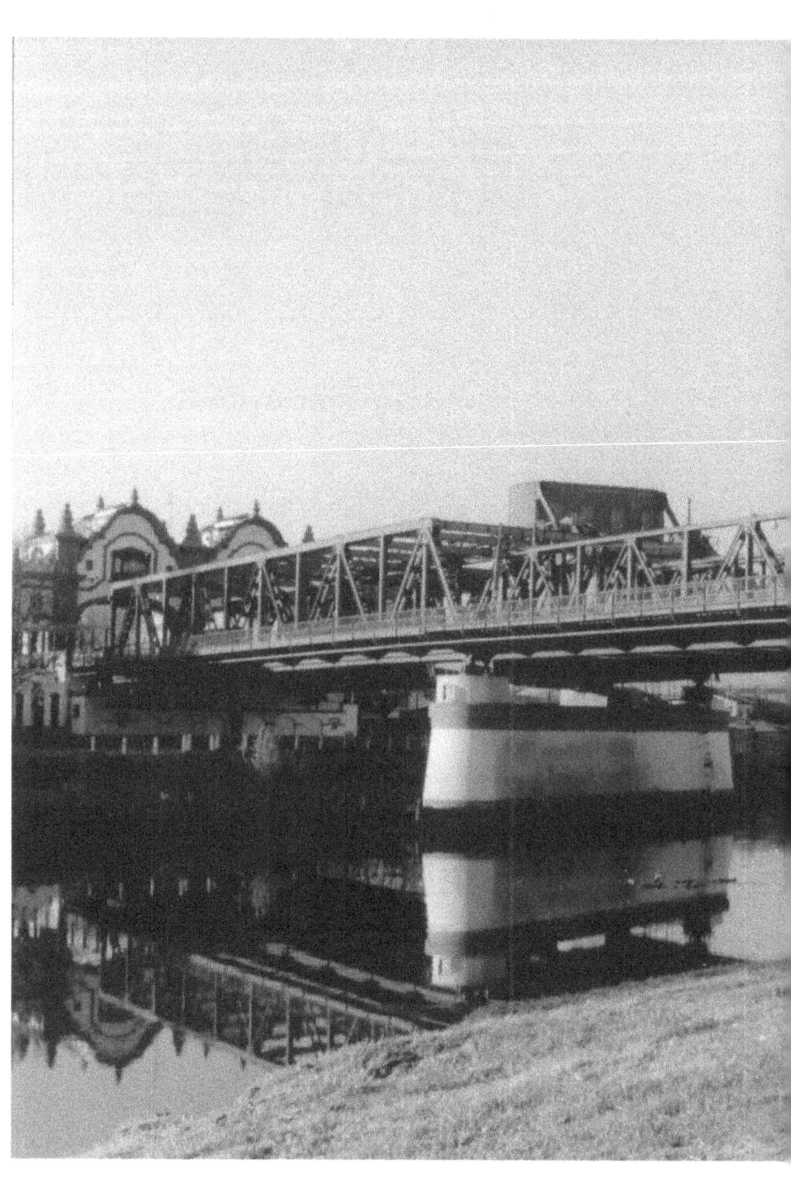

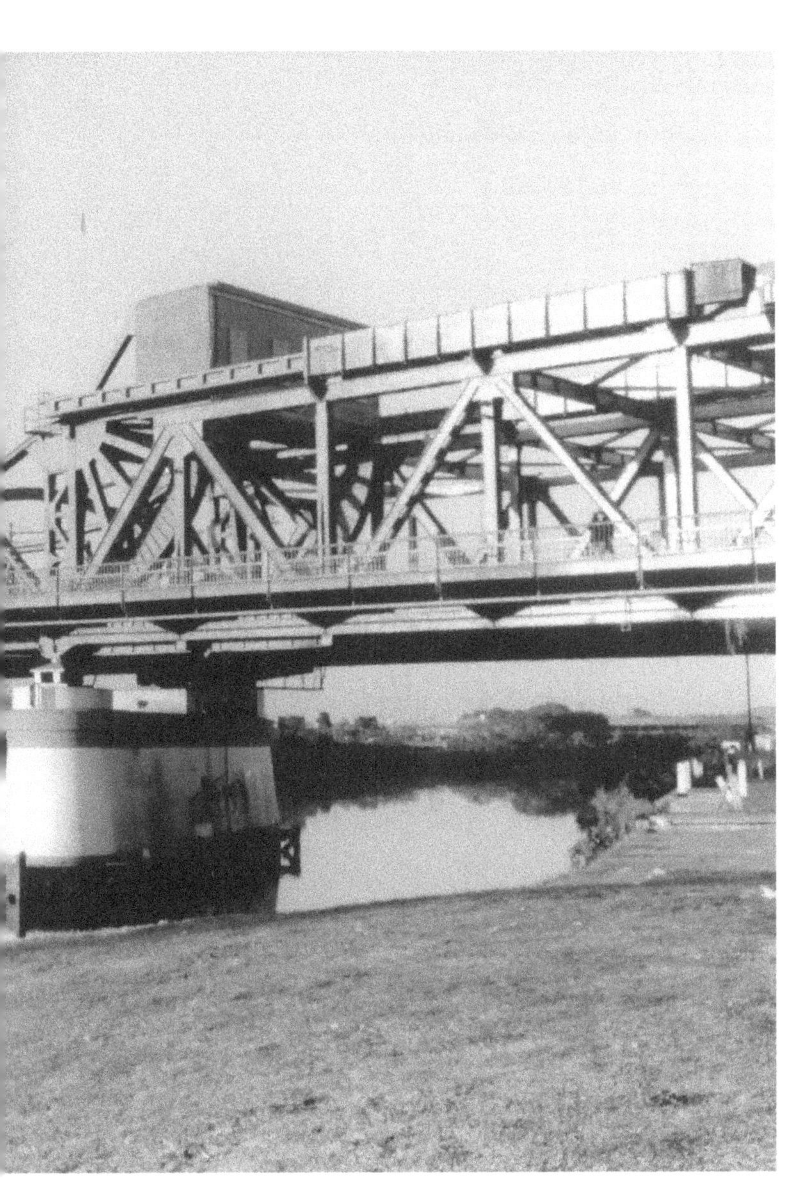

Puente Avellaneda, Pueyrredón
Puente Alsina cambiado el nombre
en los mapas,
por el mismo zanjón del Riachuelo
Puente La Noria. Pasajes
al otro lado de la ciudad;

no son postales congeladas
mis idas y vueltas
sino pigmentos tornadizos
como la capa de asfalto
El paso capturado y la mirada
en la misma
agua grasosa que no absorbe
el desecho químico. Amargor
que queda flotando en la superficie
como en el cuerpo
lo inasimilable

Hay un pozo imantador
en este cruce
de puentes suburbanos
que en cada pasada
me desvía
hacia tiempos suspendidos
como hacia un carril
de detención

Puente Avellaneda, Pueyrredón
Puente Alsina renamed
on maps,
by the same ditch of the Riachuelo
Puente La Noria. Passages
to the other side of the city;

they aren't frozen postcards
my comings and goings
but pigments changing
like layers of asphalt
The step captured and the glance
in the same
oily water that doesn't absorb
chemical waste. Bitterness
that remains floating on the surface
like what can't be absorbed
by the body

There is a magnetic well
in this crisscross
of suburban bridges
that on each pass
pulls me
towards suspended time
as if on a road
shoulder

Petróleo muerto, desgastes
erosión obsesiva
que no ha logrado disolver
cierta hora de niebla temprana
y cielo opaco para llegar
al sitio de los comienzos
Más allá, del otro lado
el viento para en los oídos
y empieza la gravedad, la filigrana
de pequeños actos perecederos
y su trazo enmarañado
Pero aún sobre el puente, suspensa
puedo asir del trayecto
el goce a futuro
de la expectativa,
ese rocío ensoñado que fue
siempre a escondidas, una forma
instantánea de felicidad

Napas geológicas de la memoria
en la napa oscura de río, mezcla
donde no llegan grandes obras
de saneamiento
y ninguna partida es concluyente

Manchas de brea y plomo
paisaje quemado que tiembla

Dead oil, wear and tear
obsessive erosion
that has failed to dissolve
a certain moment of morning fog
and opaque sky to reach
the place of beginnings
Beyond, on the other side
the wind stops in one's ears
and gravity begins, the filigree
of tiny perishable acts
and its tangled trace
But even on the bridge, suspended
I can grasp the trajectory
the future enjoyment
of expectation,
that dreamy dew that was
always hiding, a form
of instant happiness

Geological layers of memory
on the dark layer of the river, a mixture
where great works of sanitation
never arrive
and no departure is conclusive

Tar and lead stains
burnt landscape that trembles

Puente Alsina atravesado
desde la ventanilla del trolebús
con los ojos de nena saltones
Cinco años, seis,
la madre hacía malabares
con los paquetes de costura
lista para entregar
al fabricante
Los mayores decidían
como otra orilla
la zona diferida de respuestas:
más tarde, un día
tal vez la próxima quincena
Pero la vista del puente
y el resonar de los neumáticos
en los férreos encajes
eran la inequívoca señal
de que llegábamos;
la espera disuelta
en ese breve tránsito, ese voceo festivo
de arribos y vendedores ambulantes;

me contaban cómo en el 55
levantaron los puentes y paraban
a los obreros encolumnados
que venían de curtiembres
y frigoríficos del sur;

Crossing Puente Alsina

from the trolleybus window

with bulging baby eyes

Five years old, six,

the mother juggled

hand-sewn dress packages

ready to deliver

to the manufacturer

The grown ups decided

like a far shore

a zone of deferred response:

later, another day

maybe next paycheck

But the sight of the bridge

and the echoing of the tires

on the iron lace

were the unmistakable signal

that we were arriving;

the wait dissolved

on that brief transit, that festive shouting

of arrivals and street vendors;

they told me how in '55

they raised the bridges and stopped

the workers lined up

who came from the tanneries

and meat packing plants in the south;

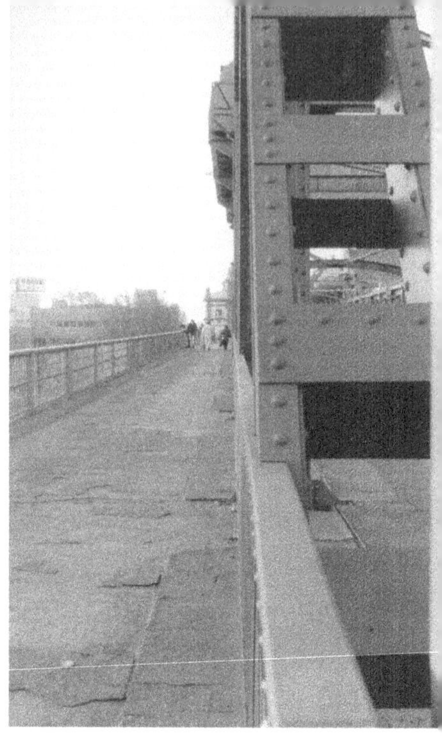

después los vi
aislando la ciudad
durante un golpe
parecían miembros deformes
las vigas metálicas alzadas;

me negué a coser
a ser mi madre:
hierro apuntillado
en la orfebrería de Puente Alsina,
criar mujeres fuertes
y que todo pase
por ellas. La entereza,
un modo de hacer la continuidad:
entregar, y decir

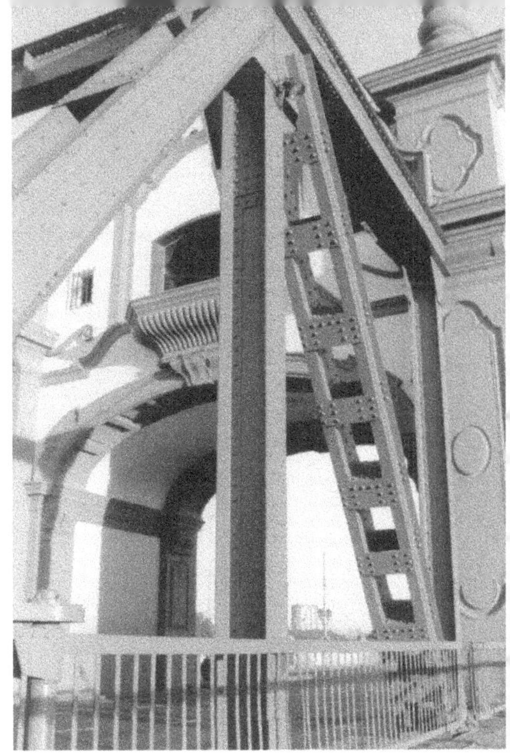

later I saw them

isolating the city

during a coup

looking like deformed limbs

the raised metal beams;

I refused to sew

to be my mother:

iron laced

by the metalsmith of Puente Alsina,

raising strong women

so that everything passes

through them. Integrity,

a way of making continuity:

to deliver, and to say

en diferido;
pero ávida
la hija huye para desear

el puente se tiende
fuera de sí
se abre al llamado
de la autopista
boca húmeda del camino
borde apenas rojizo
donde sólo cuenta
tu disposición
para el presente. Armar
con lo que haya
la fogata, el festejo
hacer de lo quieto
fruición. Desarreglo
del movimiento constante
y pérdida

perderse

cruzar un puente
en tierra extranjera
no es costoso
no acarrea pasado;

deferred;
but eager
the daughter escapes to desire

the bridge is stretched
beyond itself
open to the call
of the highway
moist mouth of the road
barely reddish edge
where what matters is only
your willingness
for the present. Building
with whatever's at hand
the bonfire, a celebration
turning quiet into
delight. Disarrangement
of constant movement
and loss

getting lost

crossing a bridge
in a foreign land
isn't expensive
it doesn't carry a past;

cada tramo suelta una amarra

como un deshecho

de inútil identidad

cada lugar donde amaneces

reclama el cuerpo,

su piel nocturna empacada

junto con sábanas y trastos,

despegada. Rielar

en la materia nueva que se interroga

y devuelve descontrolado

el propio yo

El puente es el lugar del nómade

la única construcción que se permite

su fuga, su visa

su salvoconducto

De Colorado recuerdo

un pueblito fantasma

abandonado al correrse

la frontera del oro:

mecedoras quietas en los porches

sin peso, sin cuerpos;

carril de detención,

en tu zona de baja velocidad

tu pueblito fantasma,

each span loosens a mooring
like a casting off
of useless identity
each place you wake up
claims the body,
its nightskin packed
along with sheets and stuff,
peeled off. Shimmering
in the new matter that questions itself
and returns uncontrollable
the self

The bridge is a nomad's place
the only construction that allows
an escape, a visa
a safe-passage

From Colorado I remember
a small ghost town
abandoned with the passing
of the gold rush:
rocking chairs still on the porches
weightless, bodiless;
road shoulder,
in your low-speed zone
your little ghost town,

espacio sobrecargado
y nadie, lugares
de mala combustión
Retardo, retorno
al paisaje ausente,
sustancia que no termina
de entenderse con el agua
ni se deja dócil traspasar

Pasos del Riachuelo
garganta de agua pesada
que me vuelve
costosamente a mí

Universidades tomadas
y derecha peronista
vivía en una pensión
y mi padre me dio una tarjeta:
un diputado influyente, de mi parte,
un gordo con los bigotes perfumados
ligeramente hacia arriba,
me sopesó de perfil. No me habló
de oficina o de hacer, no me preguntó

overloaded space
and no one, places
of bad combustion
Slowing, returning
to absent landscape,
substance that still does not
understand water that still
won't allow it inside

Footsteps of the Riachuelo
throat of heavy water
that returns me
costly to myself

Universities taken over
and the Peronist right
I lived in a boarding house
and my father gave me a card:
an influential Congressman, on my behalf,
a fat man with a perfumed moustache
slightly curling upwards,
he looked at me sideways. He didn't talk to me
about work or what to do, he didn't ask me

y le enfrenté los ojos, el juego
al descubierto
en un agua violenta, un alerta
de pez, sin parpadeos
Entre la dureza y la ingenuidad
—la repetida encerrona
de esos dos extremos—
no descubrí
muchos matices. Oscilación
que aún me aísla provinciana
en la desventaja

A la pensión de San Cristóbal fueron
de civil, de casualidad
no estaba y ese mismo día
me mudé, dormí
en casas de amigos
que después fui perdiendo
Alrededor se deshacía
el espacio urbano
en centros y campos inhallables
de detención
Lo poco que nacía
parecía deshecho
en cada esquina, un patrullero

and I looked him in the eyes, his game

exposed

in violent waters, a fish's

warning, unblinking

Between hardness and naiveté

—the repeated trap

of those two extremes—

I did not discover

many nuances. Oscillation

that still isolates me provincially

at a disadvantage

They went to the San Cristóbal boarding house

in civilian clothes, by chance

I was not there and that same day

I moved, I slept

in friends' houses

that later I kept losing

All around me the urban space

crumbled

in unfindable detention centers

and camps

What little was born

seemed broken

on every corner, a patrol car

Monólogo o diálogo
que discurre sin planes
un puente se hace
en las historias
vueltas a contar
En los cruces azarosos
de personas y lugares,
escenas inconexas tocan
nudos en el cuerpo,
reactivos balbucean
desde una calma sucia,
como agua crecida
desde arroyos entubados
que escapada vuelve a contar
a alterar el concreto

Desaparecido, chupado
un nudo se abre
con un legajo oculto, pruebas
de ADN, indisoluble filiación
en el ácido de los cuerpos
y la historia fragmentada
que dura en el aire reaparece
sin conectores,
sin cohesión. Sólo
un roce de memoria y un imparable

Monologue or dialogue
that flows without plans
a bridge is made
of the stories
recounted
In the random crossings
of people and places,
unconnected scenes tying
knots in the body,
chemicals bubbling
from a dirty calm,
like water rising
from piped streams
that escaped recounts
changes the concrete

Disappeared, sucked in
a knot opens itself
with a hidden file, DNA
tests, indissolvable affiliation
in the body's acid
and the fragmented story
that hangs in the air reappears
without connectors,
without cohesion. Only
a brush of memory and an unstoppable

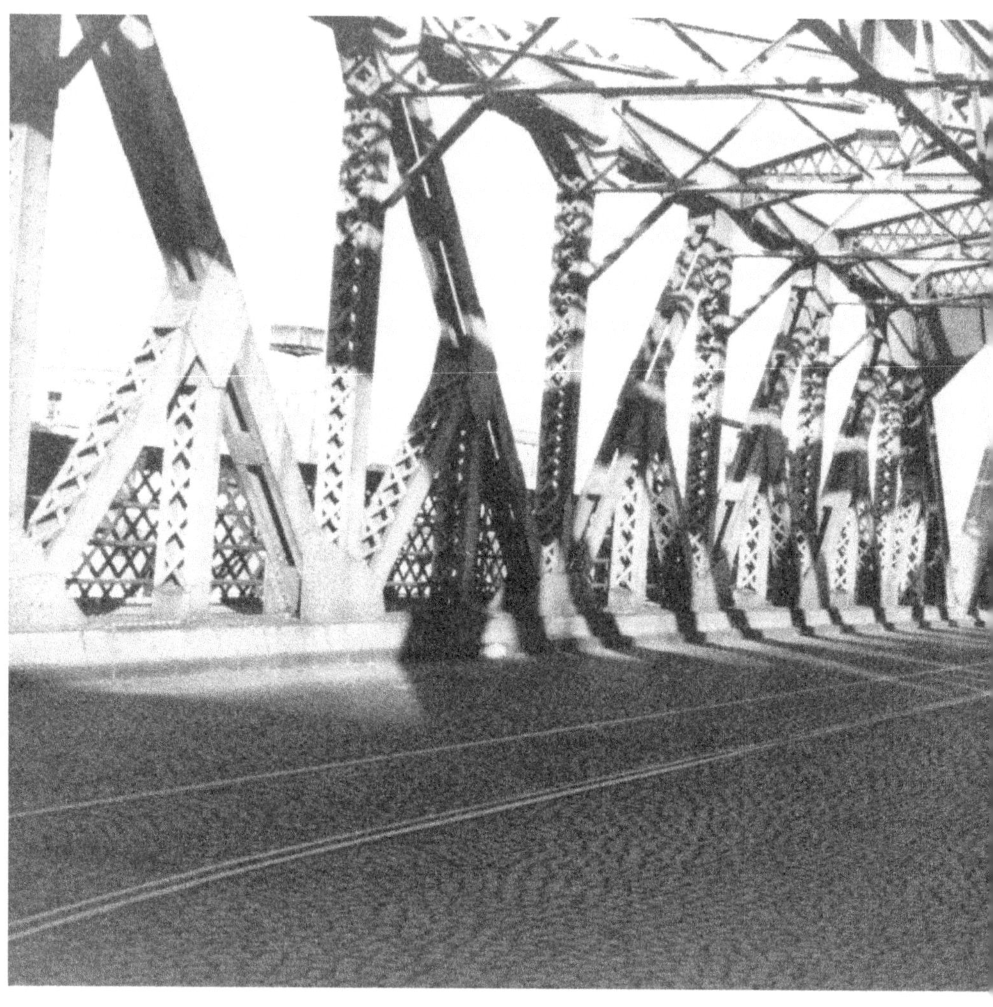

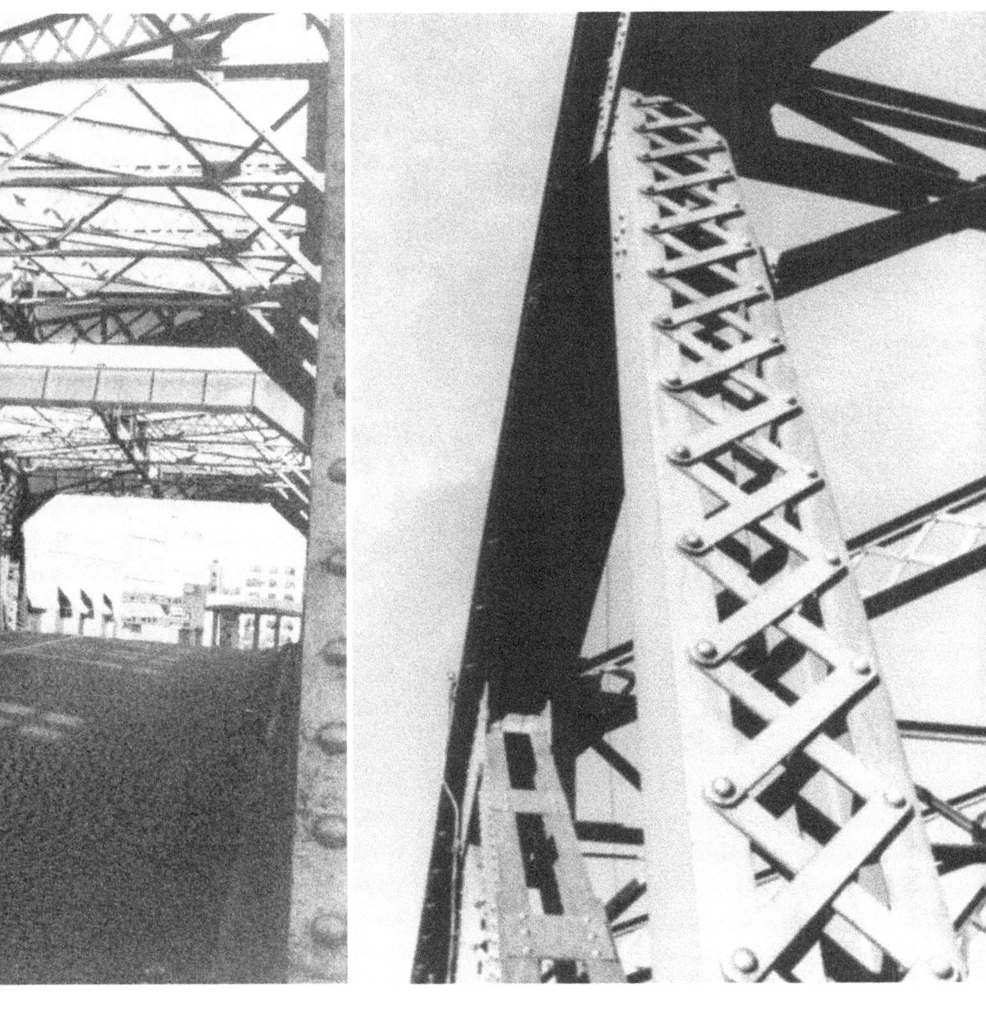

aleteo de mariposa nocturna, pegada

al vidrio de la lámpara, donde la luz

tenue es exceso

Nada más una cercanía huidiza,

la escena, la historia que recuerdo

y este colibrí

desorientado en el vívido brillo matinal

entra al campo de atención

por un momento, desde el segundo

plano del jardín. Desnudez

de la memoria

que se despoja

para hablar;

final de los noventa, con el hijo

de una montonera que toca

un río espeso con preguntas

Me nombra libros

que tuve pero embalé

en una encomienda

de papel madera con hilo sisal;

mandé el paquete

desde una dirección

que dejaba a un destinatario

que sabía equivocado y con cada

pregunta me parece

que la huida

se detiene, el domicilio

fluttering of a moth, stuck

to the lamp glass, where the light

is too dim

Nothing but an elusive closeness,

the scene, the story I remember

and this hummingbird

disoriented in the vivid morning light

enters one's attention

for a moment, from the backdrop

of the garden. The nakedness

of memory

stripping itself

to speak;

late nineties, with the son

of a montonera touching

a river thick with questions

He lists books

I owned but had packed

in a parcel

of brown paper with string;

I sent the parcel

from an address

I was leaving to an addressee

that I knew was wrong and with every

question it seems to me

that the escape

is stopped, the address

es el correcto y desembalo
la encomienda. En tránsito
la memoria,
andadura invisible
escapada
de la eufórica inmediatez;

puente, entubado,
agua amnésica que tragó
la argamasa. Imaginario
que vuelve a contar
a alterar la inscripción
de la catástrofe

Puente Brown o Avellaneda
o el de La Boca,
un puente hecho de nombres, un
laberinto mnemotécnico y falsas
indicaciones. Despiste
de la estructura hormigonada
por un hilo confuso de voces e imágenes
Hay un puente viejo y roto, un transbordador
que aparece
sobre un segundo plano en las fotos

is correct and I unpack
the parcel. In transit
the memory,
invisible journey
escape
from the euphoric immediacy;

bridge, intubated,
amnesiac water that swallowed
the mortar. Imagination
that comes back to recount
to alter the inscription
of the catastrophe

Puente Brown or Avellaneda
or La Boca,
a bridge made of names, a
mnemonic labyrinth and false
indications. Cluelessness
of the concrete structure
built with a confused thread of voices and images
There is an old and broken bridge, a ferryboat
that appears
in the background of tourist photos

turísticas de Caminito
Si cruzás el puente nuevo
ya es Avellaneda
y abajo las chapas
del Dock. Locus del yo
relato erosionado,
alguna vez se es el Dock
o siempre en perspectiva
un margen, una inseguridad

Levantado, casi suspendido en el paisaje
el puente asume precariedad y solidez
Sus pilares firmes, apenas resentidos
por el paso de camiones y acoplados
su fondo árido, intratable

Sobre estas plataformas
el tiempo se desata:
cercano el ayer, el futuro
se toca
y el espacio-tiempo del puente
es un punto estallante de carga y descarga,
grúas en el puerto,
armado y desarmado

of Caminito
If you cross the new bridge
it's already Avellaneda
and below you can see the corrugated iron
of Dock Sur. Locus of the self
eroded account,
sometimes one is the Dock
or always in perspective
a margin, an insecurity

Raised up, almost suspended in the cityscape
the bridge is both precarious and solid
Its firm pillars, barely bothered
by the passing of trucks and trailers
its arid, stubborn foundation

On these platforms
time is boundless:
yesterday is near, the future
is touchable
and the space-time of the bridge
is a bursting of loading and unloading,
cranes in the port,
assembling and disassembling

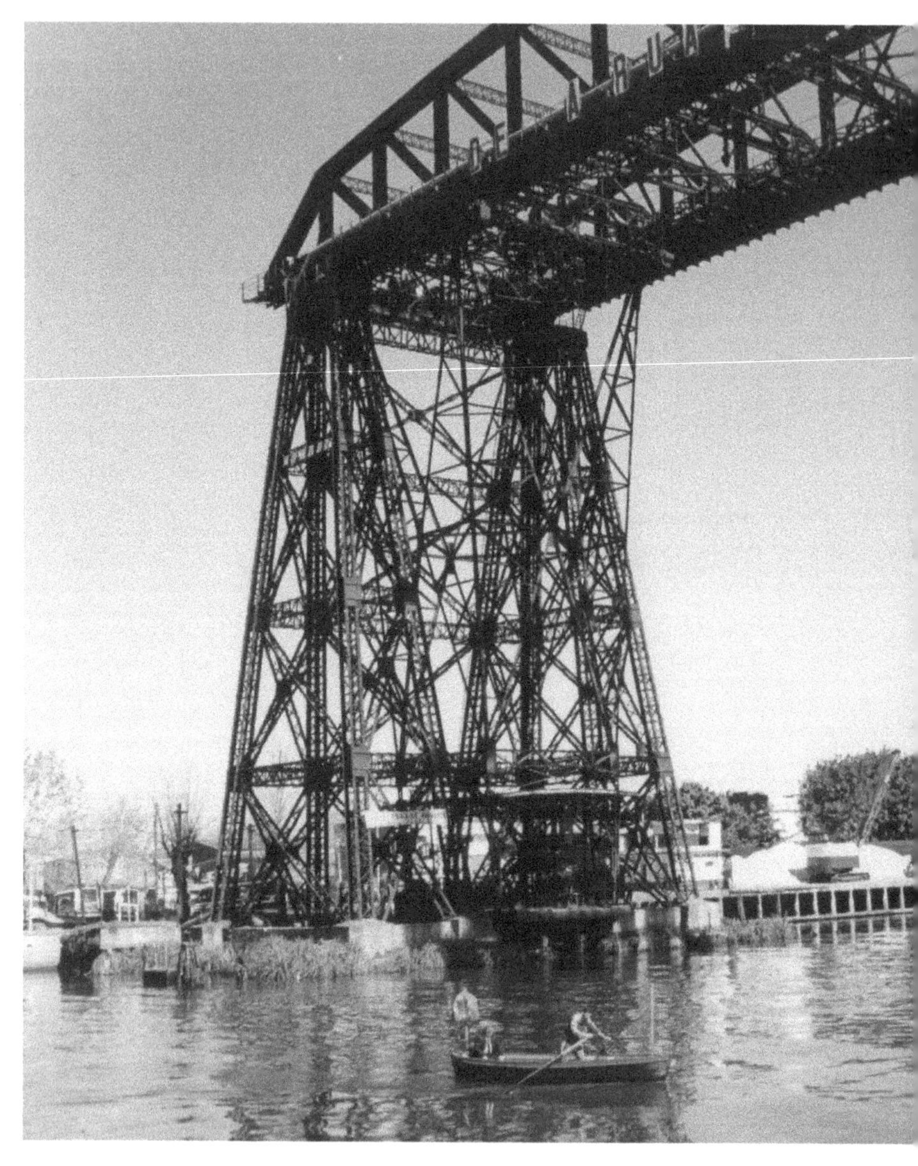

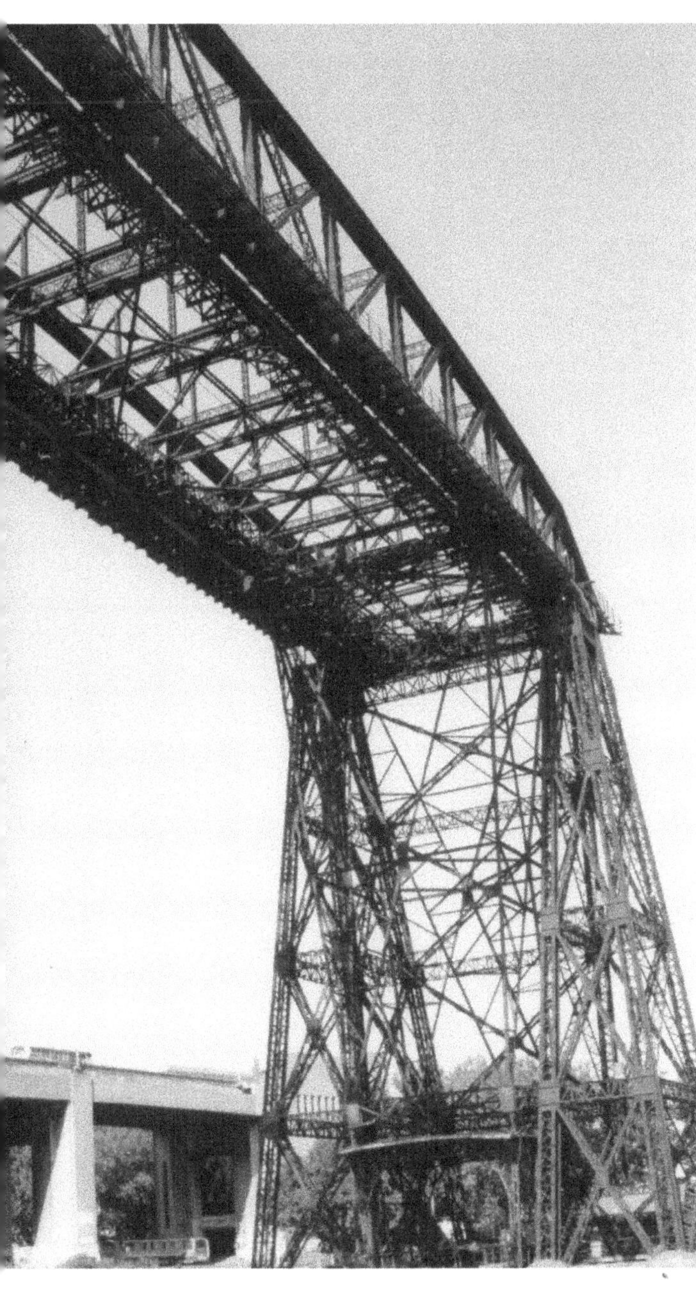

de la misma figura:
camino en el aire, rocío ensoñado
hábitat incandescente
Puentes hacia el sur
volver es aprender
a acercarse al obstáculo

Quilmes
un horizonte de agua quieta
aplaca, distiende
después de la autopista
engarzada al puente

antiguos balnearios y casas
con pilotes;

un agua calma
es empalme
hacia otros ríos:
un tramo del Mississippi
la parte menos turística de Venecia
pero acá reaparece
el Ford 35 de mi tío,
mis primos

the same figure:
path in the air, dreamy dew
incandescent habitat
Bridges to the south
to return is to learn
to approach the obstacle

Quilmes
a horizon of still water
calms, soothing
after the highway
stitched to the bridge

old waterfront swim clubs and houses
on stilts;

calm water
is a junction
to other rivers:
a stretch of the Mississippi
the least touristy part of Venice
but here reappears
my uncle's Ford '35,
my cousins

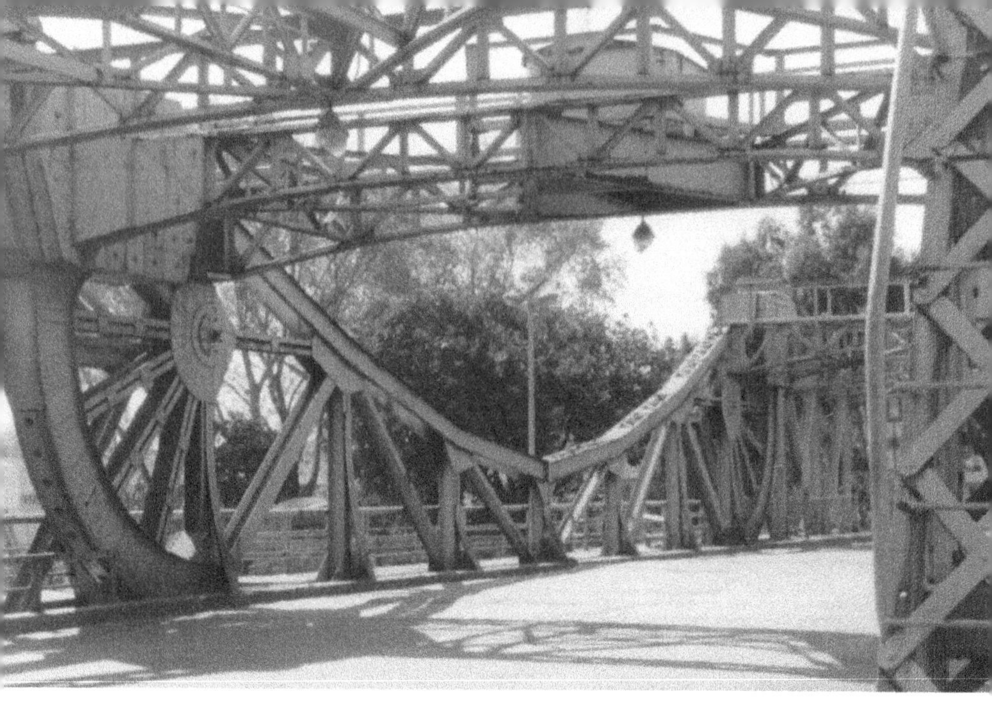

bajábamos y había una glorieta
podría ser ésta
Hace muchos años —me dicen—
se llenaba de gente
los chicos se bañaban. Estuve
en estas aguas; el recuerdo se agujerea
en un fondo barroso
y resbaladizo
que no nos dejaba hacer pie

¿Puente Vélez Sársfield,
Victorino de la Plaza? no,
Pueyrredón, nomenclaturas
que se niegan
a la indicación anónima
del no lugar

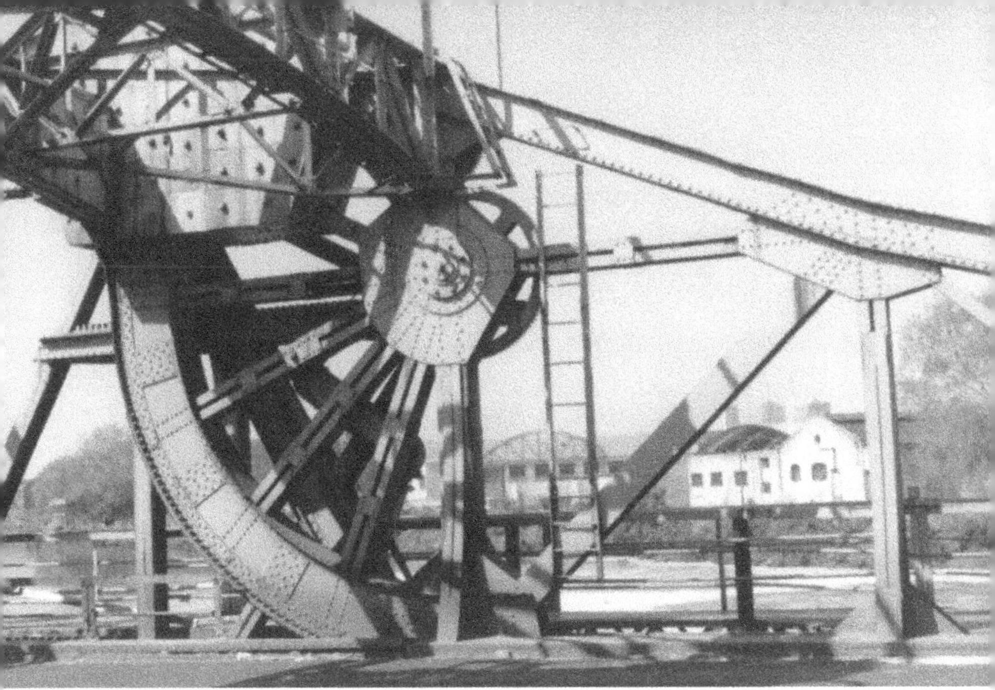

all of us coming down and there was a gazebo

it could be this one

Many years ago—they tell me—

it was full of people

the kids would swim. I was

in these waters; a porous memory

on a muddy bottom

and so slippery

it wouldn't let us stand

Puente Vélez Sársfield,

Victorino de la Plaza? no,

Pueyrredón, nomenclatures

that refuse

the anonymity

of a non-place

y afirman
un espacio único
con un derrapado
de imágenes transitadas,
devueltas en la percepción

Un puente es un salto
y una elipsis
que dice en diferido
su argumento
una apariencia de continuidad

Quebrado, cosido
el verso elide en su secuencia;
su ajuste, su descontrol
en un trazo de palabras,
agarres
para boyar sobre napas
escurridizas: las del poema
donde el tiempo se engarza
como una sola aleación
sin resistencia en los encajes,
amalgama cautiva del agua
del deseo, que es cristal
y sedimento;
poema, puente
de agua:

and affirm
a unique space
with a skidding
of images passed by,
returned in perception

A bridge is a leap
and an ellipsis
that rebroadcasts
its argument
an appearance of continuity

Broken, stitched
the verse elides in its sequence;
its adjustment, uncontrollable
in a stroke of words,
grasps
to float above elusive
layers: like in the poem
where time stitches itself
like a single alloy
without resistance in the laces,
water's captive amalgam
of desire, which is crystal
and sediment;
poem, bridge
of water:

la misma sustancia
del obstáculo es
la que lo cruza

Y qué distinto
aquel puente colgante
para llegar al mar
Amanecía en el dibujo curvo
del hierro forjado
sobre el río Quequén,
puntual
después de nueve horas de micro;
la cara adormilada de los choferes
y el cansancio diluyéndose
entre el oro y las pavesas
de la primera luz. Reflejos
en el río a poco del océano,
mate dulzón
en la casa de mis viejos. Invitaciones
a los barcitos de la costa
a las discotecas desenfrenadas
donde probar límites:
resistir el baile la noche interminable, *como sea*,
caminar la playa sin medida de cansancio;

the same substance
of the obstacle is
what crosses it

And how different
that suspension bridge
leading to the sea
Dawn breaking on a curved drawing
of wrought iron
over Río Quequén,
punctual
after nine hours on the bus;
the half asleep faces of the drivers
and the tiredness diluting
between the gold and the sparks
of the first light. Reflections
in the river a bit from the ocean,
sweet *mate*
in my parents' house. Invitations
to the little bars on the coast
to unrestrained discotheques
to test limits:
resisting the dance the endless night, *at all costs,*
walking the beach without a bit of tiredness;

el horizonte de agua
señalaba alucinado
al mismo tiempo, todos los lugares
y en el arco de las olas
quebrar con el cuerpo,
por primera vez, la provocación

Ciudades marinas
encalladas en un rumbo ya sin marcas,
barco fantasma
oxidado sobre la playa
visitado como quien retoma una historia
con nuevas salidas y fugas triunfantes

Y cómo se construyen puentes
hacia adentro,
hacia el agua sumergida
por esos gestos diarios, hoscos
o cerrados mostrándose amables
cómo hacia ese territorio submarino
renuente y ríspido
como un arrecife;
rojizos blancos
violáceos corales, sosegadas

horizon of water
signaled hallucinated
at the same time, all the places
and in the arc of waves
breaking over the body,
for the first time, provocation

Seaside cities
stranded on an unmarked course,
ghost ship
rusted on the beach
visited like someone who retells a story
with new departures and triumphant escapes

And how bridges are built
inwards,
towards submerged water
with those daily gestures, cranky
or closed off showing kindness
how towards that underwater territory
reluctant and rough
like a reef;
reddish whites
purplish corals, quiet

hojas paleozoicas

que hieren al menor roce

Si un cuerpo sumergido

cuidadoso atraviesa la zona áspera

trae en su aire

el amarillo encendido de los peces

aterciopelados azules;

colores inexplicables

de intercambios enlazados

al tejido vivo;

pero el amor

es un raro acontecimiento

un cuerpo es un puente

en otro cuerpo

y las palabras

impensadas aparecidas, puentes

el resto una superficie alisada

durante meses

por la noche polar

una capa de hielo capaz de sostener

a una persona, a un elefante marino

y su familia

Dureza aplanada

que no resiste

paleozoic leaves
that sting at the slightest touch
If a submerged body
carefully navigates the rough zone
bringing with its air
the fiery yellow of the fish
velvety blues;
inexplicable colors
of intertwined criscrosses
of a living fabric;

but love
is a rare event

a body is a bridge
in another body
and unthought words
appear, bridges

the rest a surface smoothed
over months
by the polar night
an ice floe capable of holding
a person, an elephant seal
and its family
Flattened hardness
that does not resist

si un susurro
se filtra
y abre
un puente:
tonos apenas audibles
que se criban
como granos orgánicos
para alimentar lo que sobrevive
a la lisura, ese desierto antártico
de formas;

estar
ahí abajo

como un bichito de bajas temperaturas
en su iglú, su casa en el polo
atenta
a que el hielo se cuartee
y anuncie
el cambio de estación:
un susurro, un puente;

para el cuerpo deshidratado por la invernada
puentes

Pasajes
desde una cifra oscura

if a whisper
seeping
and opening
a bridge:
barely audible tones
that sift through
like organic grains
to feed whatever survives
the smoothness, that Antarctic desert
of shapes;

to be
down there

like a little bug at low temperatures
in its igloo, its home at the pole
attentive
to ice cracking
and announcing
the change of season:
a whisper, a bridge;

for the body dehydrated by wintering
bridges

Passages
from an obscure code

tanteada en runas subterráneas
a las horas de la mañana
y el olor de lo que empieza:

pequeño acontecer
invisible, accidental,
involuntario deslizamiento
de unos ojos, cuatro líneas en un mensaje
y el puente, delgado como una fibra
queda allí
sin tránsito, a veces
sin tiempo

una luz húmeda y apagada
como la de un ramo de violetas
en un cuarto

pasadizos sin concreto
puro presente, virtual sobrepuesto
a la intransitable realidad

En Ciudad del Este
vi cómo tiraban desde un puente
cajas de cartón con contrabando

written in subterranean runes

in the morning hours

and the smell of what is beginning:

tiny event

invisible, accidental,

involuntary slipping

of eyes, four lines in a message

and the bridge, thin as a fiber

remains there

without traffic, sometimes

without time

a damp and dull light

like a bouquet of violets

in a room

passages without concrete

the pure present, virtual superimposed

over impassable reality

In Ciudad del Este

I saw how they threw from a bridge

cardboard boxes of smuggled goods

Abajo, unos chicos apilaban
el cargamento en carritos
improvisados y corrían:
drogas en estado puro, lencería de seda,
compuestos químicos
para volar templos judíos;

atmósfera
de exaltación y delincuencia; bordes
que se cruzan sobre el filo y la adrenalina:
comercio de licores, perfumes,
como alguna delicadeza corporal
cuando el veranito de San Juan
enhiesta los pezones
y casi nada más para llevarse;
la gracia
en la inmediatez. Una fiesta
transa con el exceso
como con cuchillos. Contrabando:
flores artificiales, por amor
fiambrera, por lecho de rosas
y el vacío previsible
que sigue al ritmo alterado

Lo que atrae
descoloca
hacia una zona de frontera;

Down below, some boys were stacking
the cargo on improvised carts
and ran:
pure drugs, silk lingerie,
chemical mixtures
to blow up Jewish temples;

atmosphere
of exaltation and delinquency; borders
crossing each others' edges and adrenaline:
liquor smuggling, perfumes,
like some bodily delicacy
when the summer of San Juan
perks up the nipples
and almost nothing else to take away;
grace
in the immediacy. A party
transacts with excess
like with knives. Smuggling:
artificial flowers, for love
lunch box, for a bed of roses
and the predictable emptiness
that follows the altered rhythm

What attracts
dislocates
towards a border zone;

movimiento improvisado que suelta
un alcohol adormecido
y no se sale indemne
de la propia marea:

ya no entro
a una casa
en la que nadie come o bebe

En las riberas más escondidas del Delta
hay unos puentecitos para cruzar arroyos
hechos con tablones
que reparan constantemente
y sin descanso, las crecidas desmoronan
En los ríos anchos
casi no hay puentes
se arman a cada momento
de muelle a muelle
con lanchas y piraguas
Para los primeros viajeros
todo camino fue puente, tendido
de una ligadura sobre la vastedad
rocosa, sobre las arenas o los ríos

improvised movement that releases
a sleepy alcohol
and does not emerge unscathed
from its own tide:

I no longer enter
a house
where no one eats or drinks

In the most hidden banks of the Delta
there are small bridges to cross streams
made of planks
that are constantly being repaired
and without stopping, the floods crumble
In the wide rivers
there are almost no bridges
they are put together at every moment
from dock to dock
with boats and canoes
For the first travelers
every road was a bridge, a stretched
ligature over rocky vastness
over sands or rivers

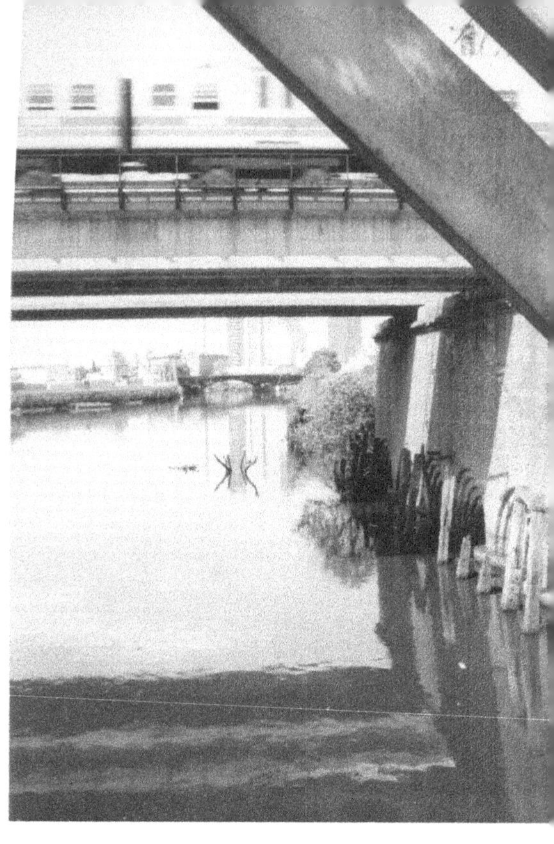

Agua más amable del Plata

oxigenada desde el Paraná

por juncales, papiros y sagitarias

Una vegetación invasora

que como el río mismo obliga

a rehacer

el paso, la posibilidad

Un puente nuevo

no se detecta fugaz

y es madera, materia

intemperie y soplo

no se imagina sin razones

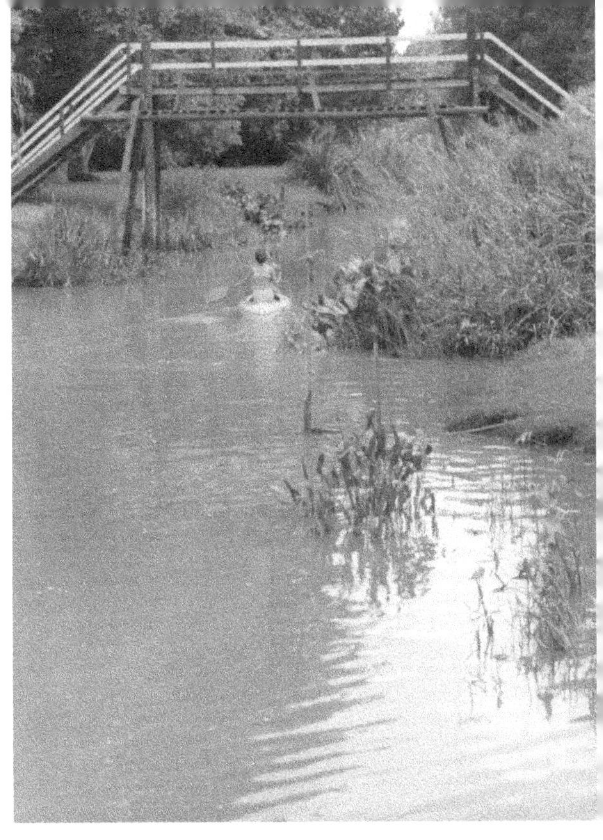

The gentler water of Río de la Plata

oxygenated by the Paraná

by reeds, papyrus and *sagitaria*

An invasive vegetation

which, like the river forces

steps, possibilities

to be retaken

A new bridge

is not detected, short-lived

and is wood, matter

weathering and breath

it isn't imagined without reason

y es sueño

regreso a lo unido

constante quebrar con pasos

la abrupta maleza

que ensimisma

Un clic de cámara

sobre el Riachuelo, fotografías:

férreos espacios familiares

en una luz ajena;

sólo a veces

el foco

consigue dar con el sombreado

de la memoria

Estructuras de acero

como fósiles de dinosaurios,

escorzos y simetrías imperfectas

armadas por las tomas, la exigencia

del encuadre en la composición

Laminados, hierros en diagonal,

una plancha con forma

de círculo; confianza

en el mecanismo visible

y el metal pesado

para atravesar la geografía caprichosa,

el accidente natural

and it is a dream

return to the united

constantly breaking with steps

the abrupt undergrowth

that absorbs

A camera click

on the Riachuelo, photographs:

familiar iron spaces

in alien light;

only sometimes

the spotlight

manages to find the shading

of memory

Steel structures

like dinosaur fossils,

twistings and imperfect symmetries

assembled by the photos, the urgency

of framing the composition

Sheathing, diagonal irons,

a plate in the shape

of a circle; confidence

in the visible mechanism

and heavy metal

to cross constantly changing geography,

the natural accident

En un circuito electrónico

un solo toque puede recorrer

la mitad abovedada del cielo

dos, el planeta entero

Pero estos pasajes detienen

con el peso de sus detalles,

aminoran

la velocidad

Fotos, arqueología

de la mirada y el espacio,

como toda captación

inmóvil

implosiva

Un camioncito destartalado

cruza el puente Victorino de la Plaza

viene de Glew, queda fuera de foco;

una estanciera de hace treinta años

imprecisa de dirección, dudosa de frenos

dobla por una calle lateral poco después

de Puente La Noria, la cámara

no la alcanza;

un atardecer encapota el cielo

In an electronic circuit
a single touch can span
the domed half of the sky
two, the whole planet
But these passages are stopped
with the weight of their details,
they slow down
the speed
Photos, archeology
of the gaze and space,
like everything captured
motionless
implosive

A rickety little truck
crosses the Victorino de la Plaza bridge
coming from Glew, out of focus;
a thirty year old station wagon
with wobbly steering, doubtful brakes
turns into a side street shortly after
Puente La Noria, the camera
does not reach her;
a sunset overcasts the sky

y agrisa el reciclaje de Puente Alsina,
la luz se imprime como un manto nevado
en la película:
3200 ASA, alta sensibilidad;

en otra parte, debajo como el Riachuelo
un gesto furtivo,
la impregnación del objeto

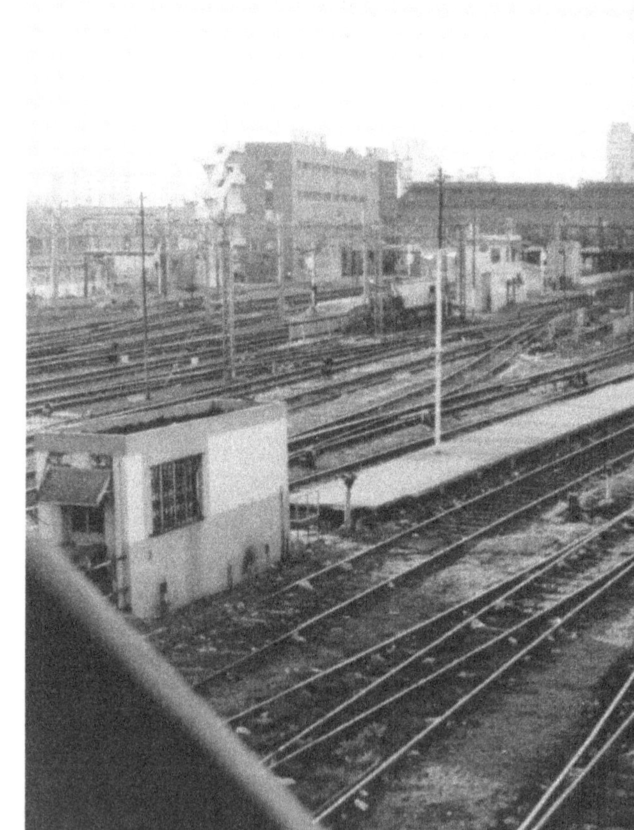

and darkens the recycling of Puente Alsina,
the light is imprinted like a snowy mantle
on the film:
3200 ASA, high sensitivity;

elsewhere, below like the Riachuelo
a furtive gesture,
the impregnation of the object

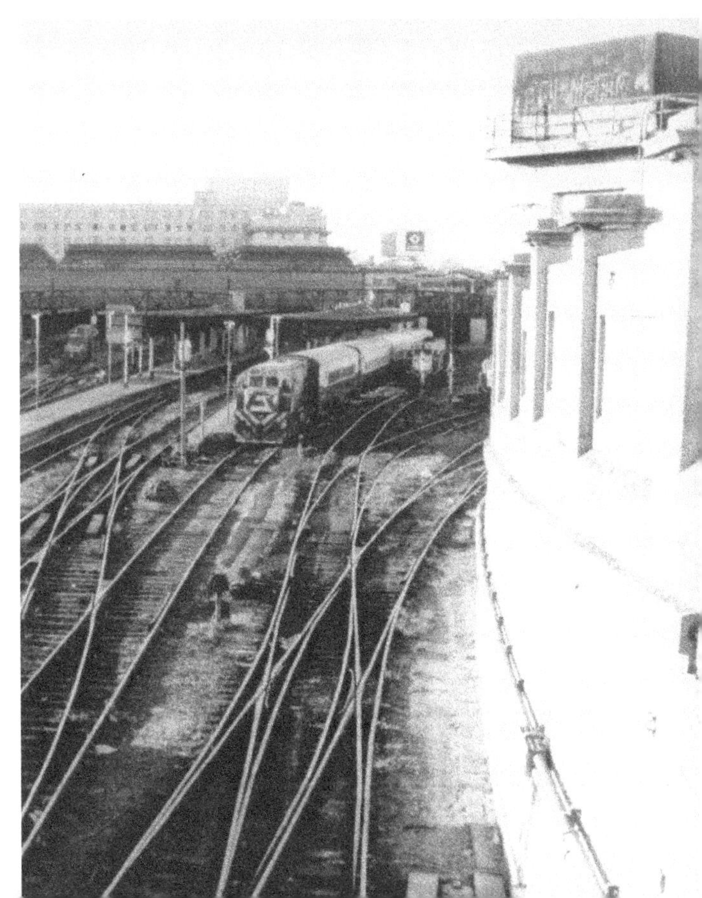

Puente sobre las vías como una
escultura de hierro, *manufacturado
en Liverpool*, dice en letras
de fundición y algunos taxistas
lo llaman Ituzaingó, otros Finochietto;
no tiene nombre en las guías
de la ciudad, a veces
ni lo señalan. Era por aquí cerca
¿en qué dirección
quedaba aquel taller
que tenía mi papá,
el desnivel en la esquina
de la calle Herrera?
me desoriento
pero la figura
es inconfundible, spectral
con las vías del tren
en lugar del agua

Avellaneda, antesala o salida
mugrosa de Constitución por el ramal
ferroviario general Roca
Galpones de chapa de aluminio
y manchas onduladas de óxido

Bridge over the tracks like an iron

sculpture, *manufactured*

in Liverpool, it says in cast-iron

and some cab drivers

call it Ituzaingó, others Finochietto;

it has no name in the city

guides, sometimes

they don't even mention it. It was near here

at what address

was that workshop

my dad had,

the unevenness on the corner

of Calle Herrera?

I get disoriented

but the figure

is unmistakable, spectral

with train tracks

instead of water

Avellaneda, waiting room or dirty

exit of Constitución

by the General Roca line

Sheet metal warehouses

and wavy rust stains

siguiendo en el acanalado
la inclinación de las lluvias
Cementerio de trenes, hierros
amontonados en los carriles secundarios
y el mismo letargo
el mismo súbito entristecimiento
cada vez que se cruza;
preguntas, proyectos
sin conseguir pasaje

Le digo a mi hija
que me gustaba viajar
en los escalones altos del tren
al lado de las puertas,
un día
que la línea electrificada no funciona
y subimos a un adicional
de vagones en ruinas
¿Es a vapor? pregunta
y la locomotora se convierte
en una ilustración de enciclopedia

Herrumbre de vigas inclinadas
cuarenta y cinco grados, remaches
en los puentecitos,

following the corrugation
the inclination of rains
Cemetery of trains, iron
piled up on the second lines
and the same tiredness
the same sudden sadness
every time crossing;
questions, projects
without finding a ticket

I tell my daughter
that I liked to travel
on the stairs of the train
next to the doors,
one day
the electric rail is out of order
and we board a replacement
of dilapidated carriages
Is it steam? she asks
and the locomotive becomes
an encyclopedia illustration

Rust from slanted beams
forty-five degrees, rivets
in the little bridges,

tallas ásperas del ferrocarril
sur. La voz de Manal
en los setenta *interrumpiendo*
el triste descampado;
algo me anuda
a mí
como una caricia

Diálogo
que discurre sin planes
un puente se hace
en las historias vueltas a contar
en el otra vez de las escenas
un ahora, un roce
donde se sostiene
su acontecer
como un aura imaginaria:

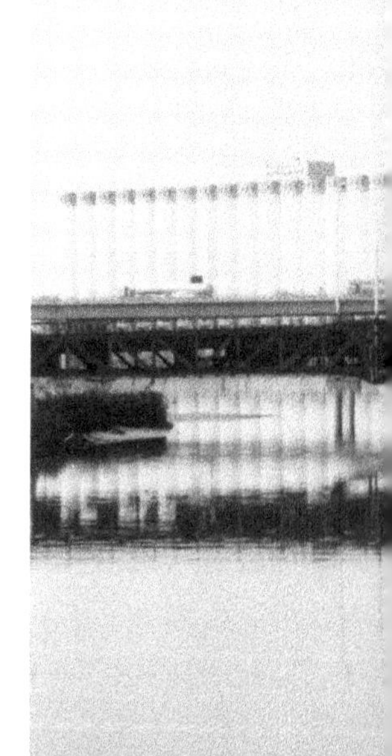

rough carvings of the southern
rail. The voice of Manal
in the seventies *interrupting*
the sad wasteland;
something ties me
to me
like a caress

Dialogue
that runs without plans
a bridge is made
in the stories retold
in the recurrence of scenes
a now, a friction
where what's happening
is sustained
like an imaginary aura:

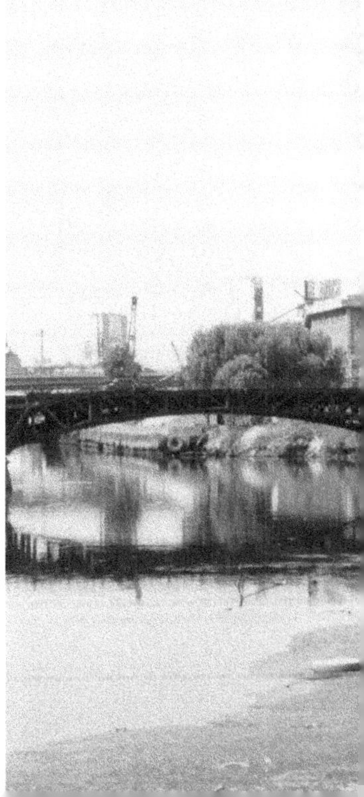

Cuando mamá era muy chiquita
no conocía la ciudad
andaba calles de tierra camino a la escuela,
había escarcha sobre el pasto de los bordes
y el crash
de hielo
quebrándose al pisarlo, aún reaparece,
grabado
en la respiración que acompasa
el goce de escribir

Siete y media de la mañana
otro camino y otra escuela,
convertida en la mamá
con hija de la mano,
un puente, el breve relato
como el aliento visible
sobre el aire frío. Ella
se despide con la mano dice
que quiere ir a ver
la escarcha, otro día y después
un camión cruzando el río;
impronta
que se hace, desde el otro
arborescencia
de nuevo, abraza

When mom was very little
she didn't know the city
she walked dirt roads on her way to school,
there was frost on the grass
and the crash
of ice
cracking as she stepped, still reappears,
carved
in the breath that accompanies
the joy of writing

Seven thirty in the morning
another road and another school,
becoming a mother
with my daughter holding hands,
a bridge, a brief story
like breath visible
in the cold air. She
waves goodbye and says
she wants to go and see
the frost, another day and then
a truck crossing the river;
an imprint
made, from the other
treescape
again, embraces

escribir;

paso ralentado,
lejanía que se acerca
en su espiral envolvente
y se imprime
en línea activada
sobre el papel. En su espacio
cóncavo, un sombreado
que escapa
de lo escrito,
suave carbonilla
que se abre y es retorno,
smog remanente y forma
imprevisible, desgaste
sobre el hierro forjado
de los puentes

quebrar la escarcha
cruzar al otro margen
decir, rocío encantado
lo no dicho;

interior de una banda sinuosa
que también es superficie, riel infinito

writing;

slow step,
remoteness that approaches
in an enveloping spiral
and is written
into a living line
on paper. In its concave
space, a shading
that escapes
what is written,
soft charcoal
that opens and is returned,
remaining smog and unpredictable
shape, wear and tear
on the wrought iron
of the bridges

to break the frost
cross to the other side
to say, enchanted dew
the unsaid;

inside a sinuous band
that is also surface, infinite rail

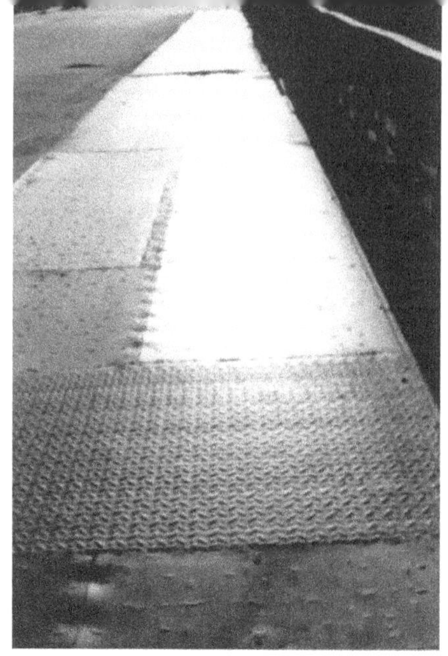

cinta de Moebius. Resonancia

hacia una dimensión inapresable

como la levedad absoluta

sobre los puentes

de la ira y el sueño se vuelve

del suelo minado

y el ansia, empieza

un puente

Buenos Aires-Delta del Tigre
1997-2000

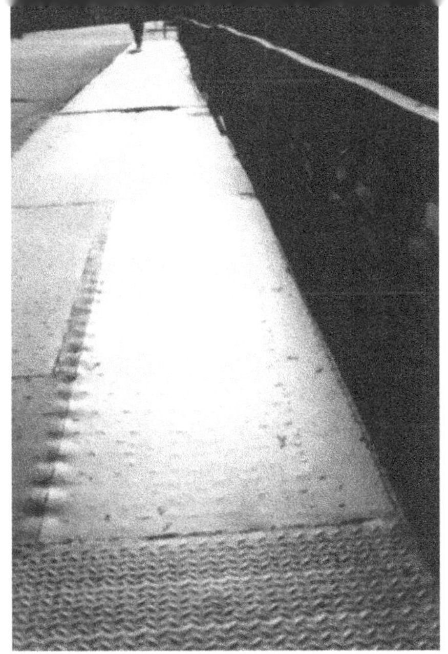

Moebius strip. Resonance

towards an unapproachable dimension

like the absolute lightness

over the bridges

from anger and dreams one returns

to mined ground

and yearning, begins

a bridge

Buenos Aires-Delta del Tigre
1997-2000

One of the main overall challenges with translating *Puentes* stems from it being a book length poem where it is important to retain a consistency in terms of tone and cadence. I felt that my role as translator was to remain as close as possible to the literal text while also working to envision what the poem might look and sound like if the poet had written it in English. I was very grateful to have help and support from excellent readers of the manuscript, including the poet herself.

This poem builds energy from taking concrete physical spaces, literally bridges, and inhabiting them while also suddenly pivoting into metaphorical and metaphysical territory. Moving swiftly from observation into memory and imagination. For this reason it was obviously very important to retain physical location names in Spanish and to pay particular attention to when and how these spaces are used as launch pads into more imaginative passages. It was very important to me to preserve that quality of the text, where things might not be fully explained each time there is a leap but the reader has enough context to follow the speaker of the poem.

The speaker of this poem is most clearly an Argentinean woman who has lived experience with much of Argentina's late 20th century political history. This is perhaps most evident in the passages where universities have been overthrown and the fear and uncertainty that follows within a police state. We see the patrol cars on the corners with our speaker. We imagine the need for unconventional postal practices. The past is palpable to us because it is made present and because in the poem we can inhabit both the present and the past simultaneously. In the poem these are the individual memories of the speaker, but in their presentation they become collective memories. It was important to me to preserve that notion in the English version.

Aside from physical location names I also felt it pertinent to leave words like "montonera" in the original Spanish. The Montoneros were a far left Argentinean nationalist, politically Catholic organization that supported Peronism and socialism. The installation of an anti-Peronist civilian-military dictatorship in Argentina in 1976 resulted in many Montoneros fleeing the country or being "disappeared" by the military police. Attempting to insert this sort of explanation, beyond the text of the poem, into an English version would have ruined the efforts made toward emulating the tone and cadence. I also feel that in our hyper-connected smart device world that if there is a bit of context in the poem readers can look up unfamiliar terms as needed. The word *mate* is left italicized in the translation to provide clarity that it is the beverage and not the English word "mate."

And, as with any act of translation, there can also be moments where something must be lost. "Antiguos balnearios" in Argentinean Spanish would be readily understood to be public swimming areas, with picnic tables and sometimes snack bars, etc. "Old waterfront swim clubs" was the solution we came up with that painted a similar enough picture and best maintained the cadence and tone of the line in English. And I say "we" because this was a moment where correspondence with the poet was needed. My hope, here and elsewhere, was to avoid the addition of unnecessary explanatory words as much as possible, but, in this case, one Spanish word needed to become three English words.

ACKNOWLEDGMENTS

I would like to thank Alicia Genovese for this wonderful work and for entrusting me with its care. I am grateful to Alicia Salomone for calling this work to my attention. Thank you to my wife, Mariela Méndez, for her support and for being my first reader for this project. Thank you to my son, Joaquín, for always believing in me. And thank you to my friends and teachers who have encouraged me to be a literary translator, particularly R.H.W. Dillard, David Lenson, and Martín Espada.

ABOUT THE AUTHOR

Alicia Genovese is a writer born in Lomas de Zamora, Buenos Aires, Argentina. She lives in the city of Buenos Aires and spends long periods in the Delta del Tigre. She has published more than twelve books of poetry, one novel and three books of essays. She has received several awards and honors, including the John Simon Guggenheim Fellowship, the Sor Juana Inés de la Cruz International Literary Prize, and the First Municipal Prize of the Government of Buenos Aires. She is a professor at the Universidad Nacional de las Artes (UNA), where she teaches poetry courses as part of the Literary Arts Program.

ABOUT THE TRANSLATOR

Daniel Coudriet lives with his wife and son in Richmond, Virginia, and Carcarañá, Argentina. He is the author of *Say Sand* (Carnegie Mellon University Press, 2010) and *Parade* (Blue Hour Press, 2012). His poetry and translations of Argentine poetry have appeared in *American Poetry Review, Bennington Review, Circumference, Colorado Review, Denver Quarterly, Green Mountains Review, Mandorla, Massachusetts Review, Washington Square,* and elsewhere. His work as a literary translator was previously supported by an NEA fellowship.

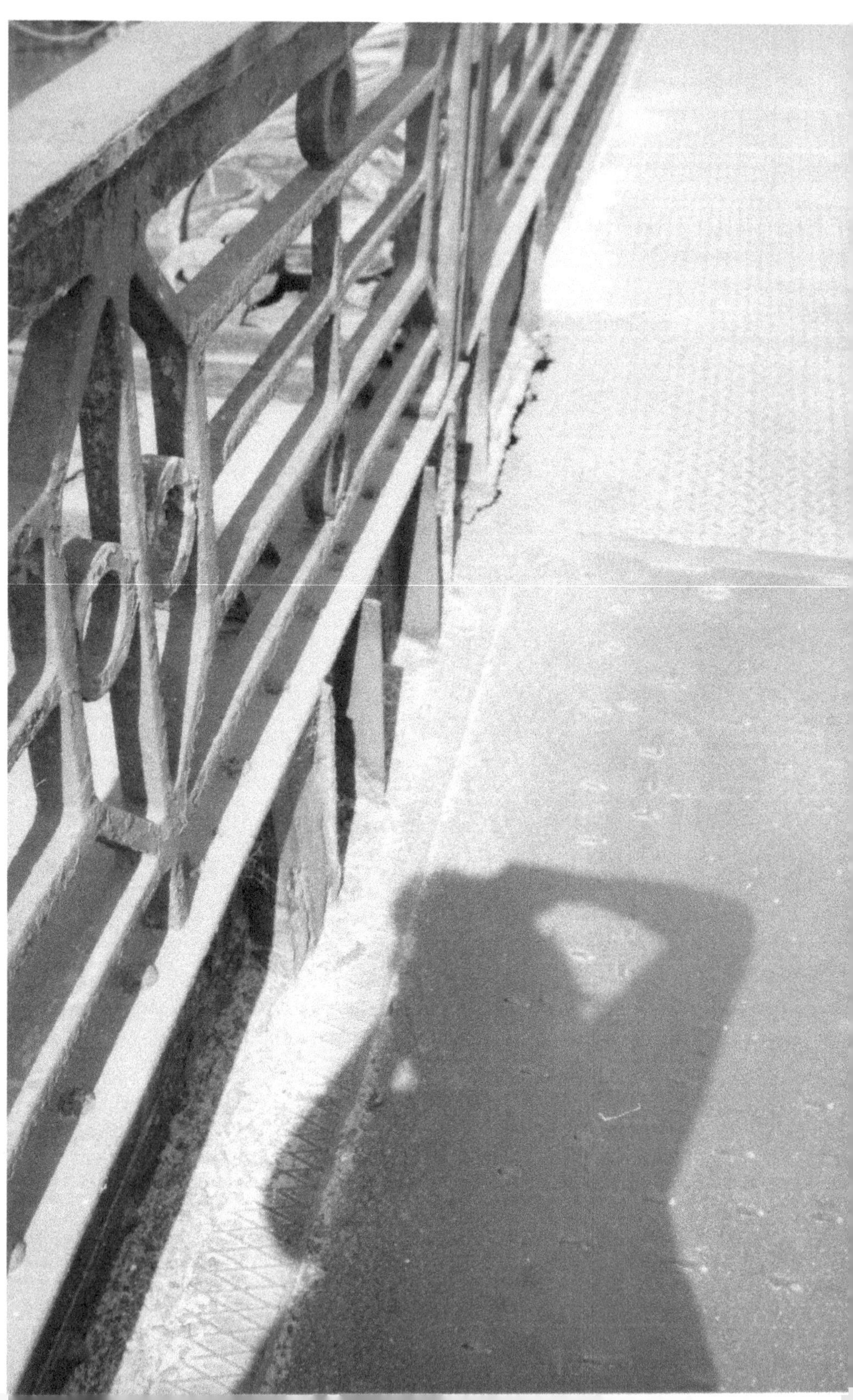

INDEX OF PHOTOGRAPHS

www.ingramcontent.com/pod-product-compliance
Lightning Source LLC
Chambersburg PA
CBHW050038040726
47599CB00015B/1738